ROSSINI

PARIS. — TYP. WALDER, RUE BONAPARTE, 44.

ROSSINI

LES CONTEMPORAINS

ROSSINI

PAR

EUGÈNE DE MIRECOURT

PARIS
GUSTAVE HAVARD, ÉDITEUR,
Rue Guénégaud, 15.

1855

L'Auteur et l'éditeur se réservent le droit de traduction et de reproduction à l'étranger.

ROSSINI

Nous avons fait dans la biographie de Meyerbeer notre profession de foi musicale; on ne s'attend pas, en conséquence, à nous voir ici réveiller les querelles d'école.

Autour de l'œuvre harmonieuse d'un maître la critique pourrait se dispenser, selon nous, de faire entendre ses cris rauques et sa voix discordante.

Le nombre des sottises qu'on a débitées, depuis un demi-siècle, tantôt sur la musique italienne, tantôt sur la musique allemande ou sur la musique française. est vraiment incalculable. Messieurs les feuilletonistes, qui raisonnent là-dessus à tort et à travers, oublient que la logique ne marche sûrement et ne trouve l'appui des principes que dans le domaine intellectuel, jamais ailleurs.

Chaque fois qu'une impression nous arrive en ligne directe par les sens, elle est soumise aux variations infinies, aux mille nuances de la faculté de sentir chez les différents hommes, et deux avis contraires, peuvent être également respectables.

— Aimez-vous les truffes?

— Non certes.

— Pourtant rien n'est délicieux comme ce tubercule.

— Rien n'est plus abominable, voulez-vous dire.

A qui donnerez-vous tort dans ce dialogue? à celui qui n'aime pas les truffes? Mais il mange des asperges avec volupté, tandis que son interlocuteur a pour ce légume une aversion profonde.

Entre nous cependant les truffes ont leur charme, et les asperges ne sont point à dédaigner.

Sortez des appréciations culinaires

pour entrer dans celles qui concernent la vue, l'odorat ou l'ouïe, vous rencontrerez partout la même divergence. Donc il ne faut disputer ni des goûts, ni des couleurs, ni des parfums, ni des sons.

Vous dînez avec du Rossini et des asperges, laissez-nous souper avec du Meyerbeer et des truffes.

Vos interminables harangues sur le talent mélodique de l'un ou sur la science harmonique de l'autre, sur les résultats de l'inspiration ou sur les résultats du travail, ne prouvent absolument rien. Si le génie vous arrive en ligne directe du ciel, tant mieux pour vous ; si l'étude et la patience vous aident à le conquérir, vous n'en avez que plus de gloire, et ceux qui réservent leurs louanges aux dons naturels pour en déshériter les qualités acquises ressemblent à ces courtisans, qui se prosternent à plat ventre devant la naissance et qui ne daignent pas saluer le mérite.

Croyez-nous, applaudissez le *Barbier de Séville* et *Robert le Diable*, *Guillaume Tell* et les *Huguenots*; imitez le public, et n'en parlons plus.

Au cœur des États de l'Église, à Pesaro, gracieuse et coquette ville bâtie par Bélisaire, et qui se baigne les pieds dans l'Adriatique, vint au monde, à la fin du dernier siècle, le grand maestro, dont nos contemporains ont vu les triomphes.

Gioacchino Rossini est né, le 29 février 1792, d'une famille d'artistes nomades.

En Italie, à l'époque des foires, on élève de petits théâtres de circonstance, où les troupes ambulantes viennent donner cinq ou six représentations, pour replier ensuite bagage et se rendre dans une autre ville qui les appelle.

Joseph Rossini, père de Gioacchino, jouait du cor à l'orchestre de ces théâtres improvisés.

Sa femme, Anna Guidarini, remplissait les rôles de seconde chanteuse. Elle était d'une beauté rare.

Joachim hérita de cette beauté, mais pour son malheur, car les grandes dames italiennes devaient l'aider à gaspiller un jour tout le temps qui manque à la correction de ses œuvres.

Assis auprès de son père, sur un banc de l'orchestre, il faisait, à l'âge de sept ans, la seconde partie de cor. Sa mère lui souriait, du haut de la rampe, en exécutant des roulades, et l'encourageait du regard.

Les frimas venus, cette troupe de cigales, qui avait sagement imité la prévoyance de la fourmi, revenait à Pesaro vivre de ses gains modestes, jusqu'au premier soleil.

On s'aperçut que le jeune Rossini était doué de grandes dispositions musicales et d'une voix merveilleuse. Il chantait, comme chante l'oiseau, d'instinct et sans méthode. Un professeur de musique de Bologne, Angelo Tessei, offrit à ses parents de le prendre gratis dans son école, persuadé que cet élève lui ferait honneur.

Il ne se trompait pas.

Joachim sut, en quelques mois, les règles du chant et fit sur le piano des progrès rapides.

A la cathédrale, où il allait parfois chanter des solos de soprano, les chanoines, émerveillés de sa gentillesse et de sa belle voix, ne manquaient jamais, à la fin de l'office, de lui glisser dans la main quelques *paoli*, que le petit virtuose allait croquer en friandises.

Il sortit de l'école d'Angelo Tessei à

l'âge de quatorze ans, ayant déjà la renommée d'un accompagnateur très-habile et d'un lecteur de premier ordre. Son père, au lieu de perfectionner ce talent précoce, l'exploita sur-le-champ, pour augmenter le bien-être de sa famille. Gioacchino rentra dans la troupe nomade, non plus en qualité de deuxième cor, mais avec le titre pompeux de chef des choristes.

Il avait des appointements très-passables.

On fit, pendant la saison de 1807, une tournée lucrative, en courant les foires de Sinigaglia, de Forli, de Lugo et de Ferrare.

Le jeune homme devait, l'année suivante, passer premier ténor.

Mais on avait compté sans la mue qui éteignit subitement jusqu'à la dernière note de sa voix.

On essaya de lui confier la direction des orchestres et de lui faire tenir le piano pendant la représentation. Malheureusement il manquait de l'expérience et de la fermeté nécessaires à cet emploi. Il fut obligé de redevenir simple exécutant et de jouer de la trompette.

— Au diable le métier! s'écria-t-il un jour. *Vi rinunzio;* j'y renonce !

— Et pourquoi? lui dit son père. *Possiedi tu delle rendite,* as-tu des rentes?

— Non; mais je veux être compositeur.

— Imbécile ! cria Joseph Rossini furieux.

Ce disant, il administra au pauvre jeune homme un coup de pied très-rude, à l'endroit où le dos change de nom, comme diraient Alcide Tousez et ce bon M. Janin.

— Va donc, *disgraziato* [1] ! lui cria-t-il. Tu aurais pu devenir le premier trompette de Naples, et tu ne seras que le dernier compositeur d'Italie.

Presque tous les pères des hommes célèbres les ont encouragés, au début, de cette façon touchante.

Une riche famille de Pesaro ne crut pas à la science prophétique de Joseph

[1] Malheureux !

Rossini, et la comtesse Olympia Perticari, jeune veuve remplie de séductions, daigna s'occuper de l'avenir de Gioacchino, qui entrait alors dans sa seizième année. Elle obtint son admission immédiate au lycée de Bologne, dans la classe de contre-point du père Stanislao Mattei.

Notre lycéen venait passer tous ses jours de congé dans la villa de ses protecteurs. Il y retrouvait la charmante veuve, dont l'œil noir alluma chez lui le premier feu de la passion.

Olympia chantait avec l'élève du père Mattei des airs de *Don Juan* ou d'*Armide* [1].

Rentré au lycée, Joachim travaillait

---

[1] Opéras de Mozart et d'Haydn.

avec ardeur et persévérance, afin d'arriver lui-même à écrire de la musique pour la divine comtesse.

Le 11 août 1808, elle trouva sur son piano une symphonie et une cantate, auxquelles était jointe une lettre chaleureuse de son protégé. Rossini la priait de vouloir bien accepter la dédicace de ses premiers essais dans l'art de la composition.

Symphonie et cantate furent exécutées et chantées à l'académie des *Concordi*, réunion musicale organisée au lycée même, et dont le jeune virtuose fut élu directeur, à l'unanimité des suffrages.

Son maître, à partir de ce moment, le fit passer dans la classe de contrepoint double.

Mais bientôt Rossini s'ennuya de l'étude. Ce génie puissant s'irritait des entraves et voulait en toute liberté déployer ses ailes. Parfois il s'échappait de la classe et s'en allait hors de la ville courir dans les prairies et sous les bois d'orangers, rêvant à la belle Olympia, et chantant les mélodies suaves que lui dictait son amour.

« La nature, ce compositeur sublime, dit Méry, a inventé la mélodie dans les zones du soleil et de la mer, dans les pays tièdes où les nuits sont de beaux jours. La mélodie est italienne de naissance. En aucun autre pays, la nature n'a donné aux arbres, aux montagnes, aux vallons, aux jardins, aux rivages plus de voix charmantes, plus de soupirs amoureux, plus de murmures veloutés. L'Italie est le Conservatoire de Dieu; le petit enfant y chante, il bégaye partout ailleurs;

puis il arrive qu'un des innombrables élèves de cette école péninsulaire a reçu du ciel une vocation spéciale. Alors, cet enfant d'élite continue, à son insu, ses études, et se recueille pour écouter jour et nuit les leçons de mélodie qui lui arrivent de tous les horizons italiens. L'artiste, choisi de Dieu pour donner des adoucissements à la terre; l'artiste, privilégié entre tous, qui a saturé sa mémoire et son âme de tous ces mélodieux accents de tendresse, de rêverie, de mélancolie et d'amour, doit les traduire bientôt dans une autre langue, et selon l'âge des civilisations, selon l'instrument que son siècle remet entre ses mains, cet élu de Dieu s'appellera Virgile ou Rossini[1]. »

Rarement on a vu donner l'explication du génie d'un homme avec autant d'éloquence et de bonheur.

---

[1] Préface d'un volume intitulé *Rossini, sa vie et ses œuvres*, par les frères Escudier. (Dentu, Palais-Royal.)

Gioacchino ne voulut donc plus d'autre science que celle dont les éléments lui étaient inculqués par cette radieuse nature italienne, source de mélodie et d'extase.

— Demain, je quitte le lycée ; merci de vos soins, maître ! dit-il au père Stanislao Mattei.

— Mais, cher enfant, objecta son professeur, tu n'es point encore initié à tous mes secrets. La musique sévère, la musique d'église demande des études beaucoup plus profondes. Avec ce que tu as appris tu ne pourras être qu'un compositeur d'opéras.

— Justement, dit Rossini, ce sont des opéras que je veux faire. Adieu, maître !

Et il ne reparut plus au lycée de Bologne.

La comtesse Perticari l'avait encouragé dans cette espèce de désertion. Par les soins de sa protectrice, il eut bientôt en poche une somme assez rondelette, qui lui permit de préparer ses malles et d'annoncer qu'il allait à Venise.

— Faites un opéra, Gioacchino, lui dit la gracieuse Italienne; obtenez un succès, et revenez chercher votre récompense.

Il y avait dans son sourire les plus douces et les plus adorables promesses.

Joachim partit plein d'espoir, et muni de lettres de recommandation, destinées à lui aplanir les obstacles qui hérissent toujours les débuts d'une carrière.

Le premier soin du jeune homme fut de compléter ses études, en se livrant à l'analyse des principales œuvres d'Haydn et de Mozart, qu'il s'exerçait ensuite à mettre en partition. Six mois durant, il chercha les filons d'or de cette mine précieuse et puisa largement au trésor de la poésie mélodique.

Ayant dérobé le secret des maîtres, il lâcha la bride à ses propres inspirations et composa la *Cambiale di matrimonio*, opéra en un acte, joué sur le théâtre San-Mosè.

Rossini avait dix-huit ans.

Le public vénitien se montra plein

d'indulgence pour quelques défauts de jeunesse, et tint compte, avant tout, des airs pleins de vivacité, de grâce, et de fraîcheur, qui émaillaient l'œuvre du jeune maestro.

Chacun devine avec quel empressement Rossini regagna sa ville natale, pour déposer cette première couronne aux genoux de sa noble maîtresse.

Il écrivit sous ses yeux, avec trop de bonheur peut-être, et conséquemment avec des distractions trop fréquentes, l'*Equivoco stravagante*, que le parterre du Corso, à Bologne, crut devoir siffler sans miséricorde.

— *Sono dei gelosi e degli sciocchi*, ce sont des jaloux et des sots, dit la comtesse. Il faut prendre une revanche glorieuse.

Elle obtint de l'impresario du théâtre *Valle*, à Rome, qu'il commandât à Rossini une œuvre nouvelle, et trois mois ne s'étaient pas écoulés que le *Demetrio e Polibio*, chanté par Monbelli et ses filles, obtenait dans la cité papale un éclatant triomphe.

De Rome, Joachim retourna à Venise, où il donna l'*Inganno felice*, pendant le carnaval de 1812.

« Ici, dit Stendhal[1], le génie éclate de toutes parts. Un œil exercé reconnaît sans peine dans cet opéra en un acte les idées mè-

[1] Auteur de la notice la plus remarquable qui ait été écrite sur Rossini, n'en déplaise à M. Henri Blaze de la *Revue des Deux Mondes*, qui a voulu, au mois de mai dernier, nous donner à son tour une histoire

res de quinze ou vingt morceaux, qui, plus tard, ont fait la fortune des chefs-d'œuvre de Rossini. »

Après le succès de l'*Inganno*, la fécondité du jeune compositeur devient miraculeuse. Dans un intervalle de onze mois, il fait représenter six opéras nouveaux, dont le dernier, *Tancredi* [1], le

du grand maestro. L'œuvre de M. Henri Blaze est un prétexte à détails plus ou moins romanesques et controuvés. Ainsi, la première protectrice de Rossini, si l'on en croit cet écrivain, serait la femme d'un avocat de Bologne. Elle aurait *obtenu de son mari* la permission d'accompagner le jeune compositeur à Venise. Que dites-vous de la probabilité d'un pareil fait ? Quand M. Henri Blaze invente des anecdotes, il devrait au moins leur donner le cachet de la vraisemblance.

[1] Les œuvres qui ont précédé *Tancrède* sont le *Ciro in Babilonia*, joué à Ferrare ; — *la Scala di seta*, jouée à Venise ; — *la Pietra del paragone*, l'un de ses meilleurs opéras bouffes, jouée à Milan ; — l'*Occasione fa il ladro* et *il Figlio per azzardo*, joués à Venise.

porte d'un seul coup au sommet de la réputation.

Nous avons à raconter ici une anecdote bizarre ; mais il est essentiel d'initier tout d'abord nos lecteurs au mécanisme administratif des théâtres italiens.

Au delà des Alpes, l'individu chargé de la direction d'une salle de spectacle se nomme un *impresario*.

Ce n'est point, comme en France, un industriel qui tend au public l'hameçon de la curiosité, dans l'espérance d'y voir mordre la fortune ; c'est toujours un grand seigneur qui éprouve le besoin de se ruiner.

L'impresario ne s'occupe absolument que des beaux yeux de la prima donna.

Ses affaires sont confiées à un intendant. Ce dernier loue la salle, engage les artistes, achète quatre-vingts francs le poëme à quelque abbé crotté de l'endroit, donne soixante-dix sequins au compositeur, s'il est illustre ; trente, s'il n'a qu'une célébrité contestable ; rien, s'il est inconnu, et met le reste des bénéfices dans sa poche.

A la fin de la saison, l'impresario se trouve en face des frais accumulés.

Il perd trois ou quatre cent mille livres, y compris les cadeaux à la prima donna, et celle-ci lui tire gracieusement sa révérence pour aller chercher dans une autre ville un pigeon mieux garni de plumes.

Cet état de choses bien expliqué, voici

ce qui avait lieu; lorsque Rossini était attendu quelque part pour y composer un opéra.

La ville entière savait le jour de son arrivée. Tous les dilettanti, c'est-à-dire les neuf dixièmes de la population, couraient au devant du voiturin qui l'amenait. On dételait les rosses efflanquées du véhicule, et Rossini, traîné à bras d'hommes, faisait dans la ville une entrée triomphale, aux cris tumultueux de *Viva! viva il maestro!*

Puis c'étaient des dîners, des fêtes, des ovations à n'en plus finir.

Joachim écrivait sa musique en causant et en plaisantant avec ses nouvelles connaissances; il l'écrivait partout, dans les salons, dans les bals, dans les soupers, au milieu d'éclats de rire provoqués par ses saillies bouffonnes ; il l'écrivait sur le premier chiffon de papier qui lui tombait sous la main.

Ses plus magnifiques mélodies ont été prises au vol de cette façon singulière.

Rossini, à ses débuts, en avait toujours une myriade qui tourbillonnaient autour de sa tête. Il arrêtait la première venue par son aile sonore, en attrapait une seconde, puis une troisième, les relâchant quelquefois, si elles chantaient sur une note par trop mélancolique ou trop vive, et cinq ou six jours de cette chasse curieuse, qui ne gênait ni ses divertissements ni ses plaisirs, lui suffisaient pour mettre sur pied son opéra.

On passait ensuite à l'étude des morceaux, pendant laquelle Rossini répétait à chaque minute son mot de prédilection :

— *Asini di cantanti !* ânes de chanteurs ! ils me donnent envie de me siffler moi-même.

Arrivait enfin la représentation. Notre héros dirigeait l'orchestre [1], recevait les applaudissements et les couronnes, se faisait compter le nombre de sequins promis, en envoyait les deux tiers à sa famille, et remontait en voiturin pour aller recommencer ailleurs sa tâche mélodieuse.

L'enthousiasme qui accueillait son en-

[1] En Italie, le compositeur est tenu de veiller lui-même, au moins pendant les trois premiers jours, à l'exécution de sa musique.

trée dans une ville ne le saluait pas toujours au départ.

Nombre d'époux se montraient ravis d'être débarrassés du jeune maître, et les victimes de ses plaisanteries continuelles ne manifestaient plus le même empressement pour s'atteler à son char.

On a vu Gioacchino, pendant tout le cours de sa carrière musicale, jouer constamment le rôle de mystificateur.

Sans cesse il donna suite aux conceptions les plus folles et les plus extravagantes. En aucun cas il ne se refusait le plaisir d'exécuter la farce grotesque, dont il avait mûri le plan dans son imagination railleuse.

Un soir, à Venise, il se moqua de

l'administrateur du théâtre San-Mosè, et par contre-coup du public, avec le plus remarquable aplomb.

Dé deux livrets disponibles on s'était permis de lui offrir celui qui avait le moins de valeur.

— Ah ! *signor impresario*, se dit-il, vous me traitez en petit garçon? Très-bien ! Nous allons vous composer de la musique en rapport avec les paroles.

Il ramasse au hasard dans ses opéras une quantité de vieux motifs, d'airs rebattus, de duos sans poumons, de quatuors éreintés, adapte au livret ce tohu-bohu musical, et dit à l'impresario :

— Voilà ma partition.

— C'est affaire à vous, répond celui-ci.

Je regrette vraiment de vous avoir donné un si pitoyable libretto.

— Bah ! cela ne fait rien, réplique Rossini. J'ai écrit dessus de la musique plus pitoyable encore.

On s'imagine qu'il plaisante. La partition est mise à l'étude ; le grand jour arrive, la salle est pleine, notre compositeur prend place au piano, et l'ouverture commence.

Les spectateurs prêtent l'oreille.

D'abord ils ne peuvent s'empêcher de rire en écoutant l'étrange harmonie que leur envoie l'orchestre.

Par les ordres de Rossini, dont la seule inquiétude est que la musique ne soit point encore assez mauvaise, les violons s'interrompent à chaque mesure et donnent un coup d'archet sur le garde-vue en fer-blanc placé au-dessus de la bougie qui les éclaire. Le public supporte, une minute ou deux, ce manége original ; mais bientôt il s'agace, trépigne, et les loges scandalisées murmurent.

— *Andate sempre!* allez toujours, dit Rossini aux violons.

Les coups d'archet résonnent de plus belle, et le piano se livre à des arpéges si discordants, que le parterre, voyant enfin qu'on se moque de lui, se lève comme un seul homme, brise les banquettes, casse les lustres et franchit les balustrades, pour administrer une correction au maestro coupable, qui se tient les côtés dans un accès de fou rire.

Mais Joachim avait préparé sa retraite.

Il disparut par une porte basse. Le soir même, une berline, attelée de vigoureux chevaux de poste, l'emporta ventre à terre sur la route de Milan.

On l'attendait dans cette ville avec une œuvre plus consciencieuse.

Le succès de *la Pietra del Paragone* arrivant à la connaissance du triste impresario de Venise, il écrivit à Rossini pour lui promettre à l'avenir des livrets moins absurdes que celui de *la Scala di seta*[1].

[1] *L'Échelle de soie.* Tel était le titre de l'opéra aux coups d'archet.

Un mois après, le jeune homme reparut à Venise.

Deux opéras, dégagés de mystification musicale, le réconcilièrent avec le parterre de San-Mosè. Toutefois, il continua de garder rancune à l'impresario, qui ne put obtenir la partition de *Tancrède*.

Rossini la porta au théâtre de la Fenice, où elle obtint le succès d'enthousiasme le plus éclatant et le plus prolongé.

« L'empereur et roi Napoléon, dit Stendhal, fût arrivé à Venise, qu'on n'eût pas même remarqué sa présence. »

Tous les yeux, tous les cœurs, toutes les admirations étaient pour Rossini. D'un bout de la ville à l'autre, on n'entendait que les morceaux du nouvel opéra. Les nobles les chantaient dans leurs palais, le peuple dans les carrefours, les gondoliers sur les lagunes.

On raconte même que les juges, en pleine séance du tribunal, furent obligés très-souvent de rappeler à l'ordre avocats et plaideurs, qu'ils entendaient fredonner pendant les délibérations les plus solennelles.

Ti rivedrò, mi rivedrai.....

Air délicieux, chant céleste, que Venise allait apprendre à tous les échos du monde.

Tancrède se distingue par une verve prodigieuse, par une inspiration constamment soutenue. On trouve dans la partie instrumentale beaucoup de moyens nouveaux, et le style harmonique y déroule une infinité de successions piquantes, un charme d'accompagnement inconnu des anciens maîtres, et qui porte les dilettanti au troisième ciel.

Rossini passait à l'état de demi-dieu.

Les plus jolies femmes de Venise, les plus nobles, les plus fières, se jetaient littéralement à sa tête et se disputaient son cœur.

Depuis longtemps, hélas! notre pauvre comtesse était oubliée.

Sous peine d'écrire ici d'autres Mémoires de Casanova, nous sommes forcé de nous taire sur nombre d'aventures érotiques, dont nos lecteurs seraient friands peut-être ; mais nous ne leur avons promis que l'histoire du musicien, celle du Lovelace n'est plus de notre ressort.

Il suffit de dire que Gioacchino eut trente ou quarante maîtresses à Venise, sans compter la Malanote, adorable cantatrice bouffe, aussi remarquable par son talent que par sa beauté, mais capricieuse et jalouse comme dix femmes réunies.

La veille de la représentation de *Tancrède*, elle abusa de son intimité avec Joachim, lui chercha querelle et déclara qu'elle refusait de chanter un grand air, écrit pour le débarquement du chevalier croisé.

C'était le morceau sur lequel Rossini comptait le plus.

Notre cantatrice prétendait que l'air n'allait point aux cordes de sa voix; du moins était-ce la raison qu'elle donnait au théâtre. Mais tout bas elle dit au jeune homme :

— Si tu me sacrifies la marquesa, je chanterai. C'est mon dernier mot. J'ai bien renoncé pour toi au prince Lucien Bonaparte.

Rossini la quitta furieux.

D'une part, il tenait beaucoup à la grande dame dont la Malanote se montrait jalouse; mais, de l'autre, il tenait aussi excessivement à ne pas faire siffler l'entrée de Tancrède.

Il se jeta dans une gondole pour rêver au moyen de se tirer d'un embarras aussi grave.

C'était un dimanche, à l'heure de vêpres.

En passant auprès d'une petite église des lagunes, il entendit une sorte d'hymne grecque, chantée par des moines sur un rhythme très-mélodieux.

— A mon auberge, vite ! cria-t-il au gondolier.

Dix minutes après, il était chez lui et courait à son piano.

— *Bisogna mettere i riso ?* faut-il mettre le riz au feu ? demanda le cuisinier de l'auberge, entr'ouvrant la porte.

— Un instant, répondit le jeune homme.

— Ah ! signor, c'est qu'on n'attend plus que vous.

— En ce cas, prépare le riz, je vais descendre.

Pas un dîner, à Venise, chez le plus riche comme chez le plus pauvre, ne débute sans un plat de riz, que l'on mange presque cru, après l'avoir seulement laissé quatre minutes dans l'eau bouillante, en sorte que la question : « Faut-il faire cuire le riz ? » équivaut à celle-ci : « Êtes-vous prêt à vous mettre à table ? »

Comme on servait le plat traditionnel, Gioacchino descendit, en se frottant les mains.

— J'ai trouvé un air pour la Málanote, un air tout à fait dans sa voix, cria-t-il, et je viens de l'écrire ! Impossible qu'elle refuse celui-là, sous peine de payer mille séquins d'amende.

Il chanta sur l'heure aux convives attablés ce fameux *di tanti palpiti*, regardé généralement comme le chef-d'œuvre des cantilènes.

Il l'avait composé en quatre minutes.

Tout le monde, à Venise, raconte encore l'anecdote, et les Italiens appellent ce morceau *aria del riso*, air du riz.

Tancrède fut joué pendant le carnaval de 1813. Rossini avait juste vingt et un ans.

Peu de mois après, l'*Italiana in Algeri*, opéra bouffe, eut un succès égal sur le théâtre San-Benedetto. La ville entière était dans le délire, et, quand le compositeur se montrait quelque part, on lui rendait hommage comme à un roi.

Des bateliers le reconnaissent, un soir, sur les lagunes et le saluent de hourras joyeux.

Aussitôt toutes les barques de se grouper autour de la barque de Rossini ; des milliers de voix entonnent ses plus beaux airs ; on le conduit avec des cris d'allégresse, de canal en canal. Au rivage, il trouve le chemin semé de fleurs, et la multitude l'accompagne jusqu'à son auberge sans discontinuer les chants et les bravos.

Jamais existence d'artiste ne fut plus glorieuse et plus triomphale.

Milan réclamait à son tour le jeune maître. Il ne voulut pas s'y rendre avant d'avoir passé quelques jours dans sa famille, auprès de son vieux père, dont il oubliait les vivacités et les prophéties, auprès de sa mère qui fut toujours son idole, et à laquelle il ne manquait jamais d'écrire, le soir d'un succès, une lettre dont l'adresse était ainsi conçue :

« *All' ornatissima signora Rossini, madre del celebre maestro;* A la très-honorée dame Rossini, mère du célèbre maître. »

La suscription était légèrement orgueilleuse.

Mais il est permis à une tête de vingt et un ans de se laisser aller au vertige sur de telles hauteurs.

Joachim retrouva aussi à Pesaro sa première protectrice ; il la retrouva pleine d'indulgence et de pardon, prête comme toujours à se dévouer pour lui.

Dans sa carrière d'enivrement et de tumulte, le jeune homme avait oublié que l'Italie, soumise alors aux lois françaises, devait payer à la conscription son tribut annuel. Il appartenait de droit à la levée de 1813, et la gloire de mourir sur un champ de bataille, au cri de Vive l'Empereur, lui souriait médiocrement.

La signora Perticari connaissait le prince Eugène. Elle lui écrivit sans plus de retard.

« Ce message, dit M. Henri Blaze, produisit aussitôt l'effet qu'on en attendait. Le viceroi manda son ministre de l'intérieur.

« — Vous voudrez bien, lui dit-il, pourvoir à ce que le maestro Joachim Rossini, en ce moment à Pesaro, sa ville natale, soit exempté du service militaire. Je ne prendrai pas sur moi d'exposer aux balles ennemies une existence si précieuse ; mes contemporains ne me le pardonneraient pas, et la postérité non plus. C'est peut-être un médiocre soldat que nous perdons, mais c'est à coup sûr un homme de génie que nous conservons à la patrie. »

« Et le prince congédia son ministre, en fredonnant le récitatif de la cavatine de *Tancrède* :

« O patria, ingrata patria [1] ! »

Dégagé de toute inquiétude au sujet du sac et de la giberne, Rossini va porter à la capitale du royaume Lombard-Vénitien deux nouveaux chefs-d'œuvre [2].

---

[1] *Revue des Deux Mondes*, livraison du 1.er mai 1854.
[2] *Aureliano in Palmira* et *il Turco in Italia*, joués l'un et l'autre sur le théâtre de la Scala.

Notre volage maestro, qui a déjà laissé à Venise une marquesa inconsolable, en plonge une autre à Milan dans le désespoir et les larmes. Il part pour Bologne, oubliant de lui faire ses adieux.

Or, ce n'est plus une marquise, c'est une princesse, qui, dans cette dernière ville, se met à raffoler du beau Joachim. Mais au moment où il croit pouvoir se livrer en toute confiance aux transports de cette passion bolonaise, la belle délaissée de Milan lui tombe à l'improviste sur les bras. Elle a quitté pour lui son palais, son époux, ses enfants ; elle ne voit plus sur la terre que son Gioacchino bien-aimé. Perte de sa réputation, perte de sa fortune, peu lui importe, elle ne recule devant aucun sacrifice.

Comment ne pas céder à tant d'amour ?

Tout à coup leur tendre dialogue est interrompu. Quelqu'un entre, c'est la princesse.

Jugez de la scène! Des explications violentes se croisent; Gioacchino ne sait plus à laquelle entendre. Il assiste à un orage effrayant, où grondent toutes les colères de la jalousie italienne.

Bientôt néanmoins il se ravise.

Il offre une main à la princesse, tend l'autre à la marquesa, leur chante un des plus jolis morceaux de son dernier opéra bouffe, sort en éclatant de rire, et se réfugie chez le père Stanislao Mattei, son ex-professeur, dans la maison duquel il reste caché huit jours, afin de ne pas s'exposer au stylet vindicatif de ces dames.

Les événements politiques replaçaient alors l'Italie sous l'influence autrichienne.

Depuis dix grands mois, les héros de la république Cisalpine rongeaient leur frein. Mais une nouvelle imprévue ranima les audaces patriotiques. Napoléon, débarqué à Cannes, marchait sur Paris et allait reprendre son trône aux Bourbons.

D'un bout de la péninsule à l'autre éclate un cri de révolte.

Joachim fait cause commune avec les plus exaltés et compose un hymne d'indépendance, que l'Italie tout entière chante en chœur.

Malheureusement, trois semaines plus tard, l'avant-garde des troupes d'Autriche pénètre dans les murs de Bologne, et le général Stephanini dresse des listes de proscription, en tête desquelles il a soin d'écrire le nom de l'illustre auteur de la *Marseillaise italienne*.

— Sauve-toi! sauve-toi, mon fils! disait en pleurant le père Stanislas à son ancien élève. Ils te passeraient par les armes, je te le jure, absolument comme si tu n'étais pas le plus grand compositeur d'Italie. Va-t'en! ne fais pas mourir ton vieux maître de frayeur et de désespoir!

— Bah! dit Joachim, gageons que le général me donne un sauf-conduit?

— Malheureux enfant! n'y compte pas. Il est impitoyable.

— Allons donc ! C'est un Autrichien ; je le mystifierai, ou je ne veux plus m'appeler Gioacchino Rossini !

L'intrépide jeune homme se présente effectivement, à deux heures de là, chez le commandant en chef des forces militaires.

— Général, dit-il, en lui offrant un rouleau de papier, noué de rubans aux couleurs de l'Autriche, j'ai cru devoir rendre hommage à notre magnanime empereur François, et mettre en musique le *Retour de l'Astrée* [1]. Je vous apporte cet hymne, que les fanfares de vos régiments exécuteront, si tel est votre bon plaisir.

---

[1] Pièce de vers du poëte Monti, composée en 1814, pour flatter le pouvoir autrichien.

Le chef autrichien déroule gravement le papier, s'assure par ses propres yeux que les paroles de la cantate sont bien celles que dit Gioacchino, prend une plume et trace rapidement sur une feuille de ses tablettes :

« Sauf-conduit pour le signor Rossini, patriote sans importance.

« STEPHANINI. »

Cela fait, il détache la feuille et la remet en souriant au jeune maestro, qui vient retrouver son professeur.

Il lui crie du plus loin qu'il l'aperçoit :

— Mystifié l'Autrichien ! *Oh ! che bella commedia !* ô l'excellente farce ! Que je voudrais être auprès d'eux, lorsqu'ils vont exécuter ma musique !

Sans répondre aux questions inquiètes de son vieux maître, il l'embrasse et se hâte de partir pour Naples, où Barbaja, le roi des impresarii, l'invitait à se rendre.

Le lendemain, un grand scandale eut lieu.

Tout Bologne entendit les fanfares allemandes jouer la *Marseillaise italienne*, que Joachim avait donnée à Stephanini, sans en retrancher une note, et après avoir seulement écrit sous la musique les vers du *Retour de l'Astrée*.

On chercha partout l'audacieux maestro; mais il était hors d'atteinte.

Nous avons entendu Rossini lui-même

raconter devant nous, en 1843 [1], ce tour pendable.

Malgré l'énorme retentissement qu'obtenaient ses œuvres, notre virtuose était loin de marcher à la fortune. En Italie, on paye beaucoup en gloire, mais très-peu en numéraire. Ou les impresarii sont pauvres, ou leurs intendants sont ladres. Dans tous les cas, on est sûr de ne pas outre-passer les bornes de la simple médisance, en traitant ces derniers de voleurs. Plus le maestro se montre sensible du côté de l'orgueil, plus ils le font applaudir ; mais aussi plus ils rognent sur la modeste part de sequins qui lui est due.

[1] A cette époque il revint à Paris, pour y consulter les médecins sur un dérangement de sa santé.

Rossini, à son arrivée à Naples, c'est-à-dire à l'âge de vingt-quatre ans, était donc fort illustre. Seulement il logeait le diable au fond de son escarcelle.

En conséquence, il accueillit avec la plus vive gratitude les offres pécuniaires du fameux Barbaja, ancien garçon de café, devenu plus riche que le roi de Naples, à force de tailler le pharaon dans les brelans.

Outre la ferme des jeux, Barbaja[1] s'était fait donner par la cour la ferme des théâtres.

---

[1] On raconte que ce millionnaire original avait, à la porte de sa maison de jeu, des équipages, qu'il mettait au service des pontes favorisés par le trente et quarante. Quant aux joueurs qui avaient perdu, Barbaja les laissait partir à pied. Comme on demandait au Benazet napolitain l'explication de ce procédé bizarre,

Rusé matois, doué d'un talent d'exploitation remarquable, il étudiait, depuis deux ans, la marche de Gioacchino, les progrès de sa renommée dans le monde musical, et disait en confidence à ses intimes :

— Quand ce gaillard-là sera mûr, je me charge de le cueillir, et de gagner avec lui deux ou trois cent mille sequins.

Or, à l'époque où nous sommes de cette

il répondit : « — Mon système est très-simple et très-logique. Je fais reconduire le joueur heureux, dans la crainte qu'il ne soit volé. Ce serait autant de perdu pour moi. Je suis bien sûr que, le lendemain, ne fût-ce que par savoir-vivre, il viendra me rendre mon argent. Quant au joueur malheureux, il n'a rien à craindre des larrons, et sa passion me le ramène, aussitôt qu'il a un écu en poche. A quoi bon lui faire des politesses ? »

histoire; Barbaja trouvait le jeune maestro en état satisfaisant de maturité.

Rossini, à sa descente de voiture, rendit visite à ce personnage.

— Vous m'avez écrit à Bologne, signor, lui dit-il, pour me proposer quatre mille écus d'appointements fixes. Je viens savoir le travail que vous exigez de moi.

— Oh! dit Barbaja, presque rien! Deux partitions par année, voilà tout. Seulement, je vous prierai d'arranger, de temps à autre, pour mes chanteuses, quelques anciens opéras, au moyen desquels je soutiens le répertoire.

— Accepté! dit Joachim.

Déjà au courant de beaucoup de détails intimes sur la vie du fermier des jeux et des théâtres, il devina pourquoi celui-ci posait comme condition dans le traité cet arrangement de vieux airs.

La délicieuse Isabella Colbrand, première cantatrice de San-Carlo et maîtresse de Barbaja, manifestait, chaque jour, de nouvelles exigences. Elle faisait remettre à neuf une quantité de morceaux, qu'on était obligé de façonner aux caprices de sa voix.

Rossini n'était pas fâché d'une clause qui allait le mettre en rapport presque continuel avec un astre de beauté, dont l'éclat illuminait tout le ciel napolitain.

Mademoiselle Colbrand, Espagnole de naissance, avait des yeux de flamme et de diamant, une carnation magnifique, un port de reine, des cheveux noirs comme l'aile du corbeau, et le visage d'une Vénus grecque.

Le galant compositeur lui arrangea tous les airs qu'elle voulut.

Il écrivit pour elle la partition d'*Elisabetta, regina d'Inghilterra*, où elle obtint, dans le rôle d'Élisabeth, un succès plus incontestable encore, s'il est possible, que celui de la Malanote dans l'opéra de *Tancrède*.

Cette partition donnait la mesure du large talent magistral et de la grande manière qui devaient plus tard enfanter le *Mosè*, l'*Otello*, la *Semiramide* et aboutir à *Guillaume Tell*.

Il ne faut pas croire néanmoins que Gioacchino ne trouvât alors que des admirateurs. La critique, et une critique très-rigoureuse, élevait sa voix à côté de l'éloge. On lui reprochait le défaut d'études, le défaut de science; on épluchait ses œuvres, on le prenait en flagrant délit d'ignorance au sujet des règles les plus élémentaires de la syntaxe musicale.

Rien n'amusait le jeune maître comme ces reproches.

Il continua de laisser son travail incorrect, désignant lui-même les passages sur lesquels allait s'exercer le blâme.

Vingt fois il a écrit en marge de ses cahiers cette phrase moqueuse :

« *Per soddisfazione de' pedanti,* pour la satisfaction des pédants. »

Soit indifférence réelle, soit système, on a toujours vu Rossini traiter sa gloire par-dessous la jambe, rire de l'enthousiasme de ses admirateurs, et mystifier ceux qui lui adressaient le plus de louanges.

Un monsignore pénètre, un matin, dans sa petite chambre d'auberge.

Gioacchino, très-paresseux de sa nature, était encore au lit.

Le prélat s'assied, commence l'entretien, parle de l'*Elisabeth*, qu'il a entendue la veille, et se livre à des félicitations pompeuses.

— Bah ! dit le virtuose, vous êtes loin de connaître mon plus beau titre de gloire. La musique, fi donc ! *Hò anche di meglio*, j'ai mieux que cela !

D'un bond il s'élance hors de la couverture, et se promène de long en large de la chambre, dans un costume infiniment trop primitif.

— *Corpo di Bacco !* s'écrie-t-il, hier Canova m'a fait poser pour une de ses statues ! Ne suis-je pas un magnifique modèle ? Regardez ces bras, ces jambes, ces épaules ! Regardez....

Plusieurs biographes ont eu assez peu de réserve pour dire ce que l'auteur de

Guillaume Tell fit voir à son apologiste.

Nous ne les imiterons pas.

Le monsignore prit la fuite, laissant Gioacchino rire aux larmes de sa spirituelle et décente équipée.

Toute sa vie notre compositeur exécuta des scènes de ce genre.

A un dîner, dont les convives étaient presque tous ecclésiastiques, on le prie de chanter quelque chose au dessert.

Il entonne, en bolonais, une chanson plus que gaillarde.

Heureusement on ne le comprend pas; mais il se vante partout, le lendemain, d'avoir fait applaudir une polissonnerie par des cardinaux.

Son existence à Naples était fort agréable. Il touchait ses mille francs par mois, travaillait peu, et courtisait la diva de San-Carlo à ses heures de loisir.

A force d'étudier et de chanter ensemble, ils finirent par être tellement d'accord, qu'ils s'épousèrent au nez et à la barbe du pauvre fermier des jeux.

Barbaja n'avait point prévu cet excès d'harmonie.

Mademoiselle Colbrand, outre ses charmes vainqueurs, avait au moins une vingtaine de mille livres de rente, ce qui ne fut point un obstacle au mariage.

Le virtuose méprisait la gloire ; mais il commençait à tenir l'argent en fort haute estime.

Pour exécuter les clauses du traité Barbaja, il fit jouer à Naples, de 1816 à 1822, *la Gazetta*, — *Otello*, — *Armida*, — *Mosè*, — *Ricciardo e Zoraide*, — *Ermione*, — *la Dona del Lago*, — *Maometto II*, et *Zelmira*. Sa fécondité prodigieuse lui permit, en outre, de donner à Rome *Torvaldo e d'Orliska*, — *Barbiere di Siviglia*, — *la Cenerentola*, — *Adelaide di Borgogna* et *Matilde di Sabran*. Venise obtint *Edoardo et Cristina*; Lisbonne eut en partage *il Califfo di Bagdad*, et Milan put applaudir *la Gazza ladra* et *Bianca et Faliero*. Bref, en moins de six années, Rossini composa dix-huit partitions, tout en menant la vie la plus décousue, la plus extravagante et la moins laborieuse.

Le plus grand nombre de ces opéras tiennent le premier rang sur l'échelle lyrique, et cinq d'entre eux sont d'éclatants chefs-d'œuvre.

Joués à six mois de distance, *le Barbier de Séville*[1] et *Othello* mirent tour à tour Rossini aux prises avec la verve comique de Beaumarchais et la puissance tragique de Shakspeare.

[1] L'impossibilité presque absolue de faire accepter, à cette époque, un livret par la censure romaine, décida Rossini à traiter ce sujet après Paisiello. Cette audace du jeune compositeur déplut aux partisans du vieux maître. Une cabale s'organisa, et la musique de Rossini fut sifflée à outrance. Le lendemain, le parterre honteux reconnut ses torts, et la pièce alla aux étoiles, *alle stelle,* comme disent les Italiens. Le grand air de la calomnie fut redemandé cinq fois et couvert de bravos frénétiques.

Il ne resta ni au-dessous de l'une, ni au-dessous de l'autre.

Pimpante, joyeuse et légère dans le gosier de Figaro, sa mélodie devient sombre, solennelle et fatale dans le gosier du Maure. Jamais musicien ne s'inspira de sujets plus opposés et n'y appropria son génie avec plus de bonheur.

La Pie voleuse, le *Moïse* et *la Dame du Lac* révélèrent de nouveaux prodiges opérés par cette merveilleuse flexibilité de talent.

A la première représentation de *la Gazza*, le public fut saisi d'une sorte de délire. Les cris mille fois répétés de *Viva Rossini !* forcèrent le compositeur à se lever plus de cent fois pour saluer la salle.

— Quel beau succès, maître ! lui dirent ses voisins de l'orchestre.

— Et quel mal de reins je vais avoir ! leur répondit-il.

Dans ces sortes d'occasions, où le cerveau d'un autre eût éclaté d'orgueil, Rossini était calme, froid, railleur. Sa musique la plus admirable lui coûtait si peu d'efforts ! il se montrait presque scandalisé qu'elle lui rapportât tant de gloire.

L'introduction du *Moïse* fut écrite en une heure, au milieu du bavardage de douze ou quinze de ses amis, auxquels il donnait la réplique tout en griffonnant ses notes; et la prière sublime qui termine cet opéra fut composée plus rapidement encore [1].

Gioacchino quitta Naples peu de temps après son mariage, afin de se soustraire à la rancune de Barbaja, devenu son ennemi mortel.

Il conduisit sa femme à Vienne, où elle

---

[1] Le jour de la première représentation, ce morceau n'existait pas. Grâce à la maladresse du machiniste de San-Carlo, qui avait organisé pour le passage de la mer Rouge une décoration ridicule, le dénoûment avait été mal accueilli. Chaque fois qu'on jouait la pièce, on était sûr de voir le public applaudir les deux premiers actes et siffler le troisième. Cela devenait intolérable. Enfin l'auteur du libretto accourt, un matin, chez Rossini en criant : — J'ai sauvé le troisième acte ! Le maître regarde les vers qu'on lui présente, « et, dit Stendhal, il saute en bas de son lit, s'assied à une table, tout en chemise, et compose la prière de Moïse en huit ou dix minutes au plus, sans piano. » Elle fut chantée le soir même. Le public ne s'aperçut plus que la mer était élevée de cinq ou six pieds au-dessus de ses rivages.

chanta *Zelmira* devant la cour, puis ils prirent le chemin de Venise.

On les attendait au théâtre de la Fenice avec la partition de la *Semiramide*.

Ce fut le dernier opéra composé par le maestro pour l'Italie.

Barbaja qui, par ses richesses immenses, se rendait maître de beaucoup de situations, fit enlever à l'impresario de la Fenice tout ce que son théâtre avait de bons chanteurs. Il organisa, de plus, une cabale terrible, et fit tomber la *Semiramide* sur le lieu même où *Tancrède* avait reçu tant de couronnes.

Indigné de la conduite des Vénitiens, Gioacchino résolut de quitter son ingrate patrie.

La France et l'Angleterre, émerveillées de sa gloire, l'exhortaient depuis longtemps à passer les Alpes.

Un mois après la chute de la *Semiramide*, Rossini et sa femme [1] descendaient à Paris dans un logement de la rue Rameau, où, le soir même de leur arrivée, plus de huit cents personnes s'inscrivirent à leur porte.

On faisait queue dans la rue comme à l'entrée d'un théâtre.

Le maestro, cette fois, ne resta chez nous que trois semaines, le temps d'organiser quelques soirées musicales, d'assister à une foule de banquets, et d'ho-

---

[1] Madame Colbrand-Rossini est morte en 1845. Le maestro s'est remarié, en 1847, avec madame Pelissier.

norer de sa présence une représentation du *Barbier de Séville* aux Italiens [1].

Il avait passé un engagement pour Londres.

Rothschild et Aguado, qui tout d'abord s'étaient déclarés ses patrons, le recommandèrent aux principaux banquiers de la Cité, ainsi qu'à plusieurs membres influents de la chambre haute, et, cinq

---

[1] Le 12 novembre 1823. « On savait, dit M. Henri Blaze, que Rossini assisterait à cette représentation; la salle était remplie jusqu'aux combles, et fit au grand maître un accueil de roi. Au moment où Rossini parut dans sa loge, les applaudissements éclatèrent; l'orchestre et les chanteurs, électrisés par l'illustre présence, semblèrent se surpasser, et la représentation ne fut qu'un cri d'enthousiasme. Après le finale du premier acte, l'auteur, acclamé par la salle entière, se vit traîner sur la scène, au milieu d'une pluie de fleurs et d'un tonnerre de bravos. » (*Revue des deux Mondes*, — livraison du 1er juin 1854.)

mois après, notre virtuose repassait le détroit avec une somme de cent cinquante mille francs, gagnée soit en leçons, soit en concerts, et à laquelle il faut joindre quatre mille livres sterling [1] qu'une société de lords le contraignit à accepter le jour de son départ.

Nous ne comptons ni les honneurs qu'il reçut, ni ses déjeuners à Brighton avec Georges IV.

Le fils du musicien nomade trouvait tout simple qu'un roi le priât de manger une côtelette avec lui.

Notre héros, à son retour, s'installa dans un hôtel de la rue Taitbout. Il re-

[1] Cent mille francs.

mit ses fonds à son nouvel ami Aguado [1], qui se chargea, disent les frères Escudier, de les doubler à la bourse par des spéculations *certaines*.

[1] Le banquier et le musicien devinrent inséparables. C'était à l'hôtel Aguado que Rossini se livrait à ses mystifications les plus bouffonnes, entre autres à celle de faire jouer à ce malheureux Lapelouzé du *Courrier français* des solos de clarinette devant trente ou quarante convives. Le maestro accompagnait son ami dans presque tous ses voyages. Nous recevons de Toulouse une lettre que nous communiquons à nos lecteurs.

Monsieur,

« Je prends la liberté de vous transmettre sur un personnage, qui doit entrer dans votre galerie, une de ces mille anecdotes qui, en piquant la curiosité, ont l'avantage d'éclairer un côté des diverses figures que vous faites passer sous nos yeux. Il s'agit de Rossini ; voici le fait dont je garantis l'authenticité. L'illustre maestro, il y a dix ans environ, s'arrêta à Toulouse, avec M. et madame Aguado, en compagnie

Le mot est d'une immoralité pleine de candeur. C'est bien un mot du siècle.

desquels il descendit à l'*Hôtel de France*, place St-Etienne. Le lendemain du jour de son arrivée, à l'heure du déjeuner, M. Aguado, qui cherchait partout Rossini, ne fut pas médiocrement surpris de le voir dans la cour de l'hôtel, entouré d'une nombreuse galerie, dont il semblait captiver l'attention. Ajoutez à cela que les spectateurs portaient un costume dont la couleur est l'attribut exclusif de l'innocence et de la cuisine, et vous aurez le tableau de Rossini jouant au *cochonnet* (vulgairement appelé *bouchon*) avec les marmitons de l'hôtel.—Rossini ! criait M. Aguado, venez donc déjeuner ! madame Aguado vous attend. — Une minute, je suis à vous, répondit le maestro, armé d'une énorme pièce de deux sous. Fixant alors le bouchon, de l'œil d'un zouave qui vise un Russe, il lui lança un dernier projectile et regagna tristement l'intérieur de l'hôtel. Voilà, monsieur, le fait dont j'ai été témoin oculaire. Je le crois caractéristique, et je vous autorise à le publier, si vous le jugez convenable.

« J'ai l'honneur d'être, etc.,

« Honoré Dantin, avocat. »

Quelle différence voyez-vous entre un individu qui spécule à coup sûr, ou un monsieur qui est certain de se donner cinq atouts dans une partie d'écarté ?

M. de la Rochefoucauld, ministre de la maison de Charles X, supplia Joachim de prendre la direction du théâtre Louvois[1].

Depuis 1819, époque où Garcia fit chanter à madame Mainvielle-Fodor le rôle de Rosine du *Barbier*, les Parisiens étaient fous de la musique de Rossini. De la loge du concierge à la mansarde, les pianos tapotaient ses partitions; les chefs des musiques militaires les arrangeaient pour tous les ophicléides et les

[1] Les Bouffes étaient alors dans la rue de ce nom.

trombones de l'armée ; on les mettait en études, en valses, en quadrilles, et les Musard de la Restauration faisaient fortune.

L'arrivée de Rossini doubla cet engouement.

Ses opéras furent repris tour à tour, et joués, chaque soir, devant une salle comble.

Quand on eut bien savouré la musique, on désira connaître l'homme. On invita Gioacchino partout; les salons se le disputèrent; mais, hélas! il y eut, de ce côté, déception complète.

Au lieu de l'artiste distingué qu'on s'attendait à voir, on ne trouva qu'une sorte de bateleur ultramontain, qui mystifiait et contrefaisait tout le monde, un intarissable conteur de sornettes, très-infatué de sa personne, et dont les plaisanteries étaient marquées souvent au cachet de l'impertinence.

Notre virtuose croyait ainsi se mettre au niveau du caractère français.

« Or, dit M. Fétis, Rossini se trompait grossièrement. Sous une apparence de frivolité, les Français sont peut-être le peuple le plus sérieux de l'Europe; et certainement c'est celui qui a le sentiment le plus délicat des convenances et de la dignité sociale [1]. »

Comme en Italie, le maestro continuait de paraître mépriser son art et de faire bon marché de son talent; mais c'était

---

[1] Biographie des musiciens, article *Rossini.*

pour trouver plus d'excuses à sa paresse ou pour cacher un commencement de fatigue[1].

Le traité passé avec l'intendance des théâtres l'obligeait à travailler non-seulement pour les Bouffes, mais aussi pour l'Opéra français.

[1] On vit plus tard, après le succès de Meyerbeer, tout ce qu'il y avait d'orgueil sous cette indifférence apparente. Nos lecteurs connaissent le mot du maestro sur le *sabbat des juifs*. Il a en horreur la musique de ses confrères. Un matin, il entend un orgue de Barbarie jouer la romance de *Guido et Ginevra* : — *Hélas! elle a fui comme une ombre,* etc. Rossini fait monter le joueur d'orgue et le prend au collet. « — Malheureux, dit-il, on t'a payé pour venir me donner ce charivari sous ma fenêtre... Oh! ne mens pas! tu as reçu de l'argent pour m'écorcher les oreilles. Voici deux louis, va faire noter sur ton orgue l'air de *la Gazza ladra*, et joue-le quarante fois de suite sous la fenêtre d'Halévy. Tu entends? quarante fois! il apprendra peut-être à faire de la musique. »

Malgré les clauses formelles de cet acte, M. de la Rochefoucauld ne pouvait rien obtenir.

En deux ans, Joachim ne donna au théâtre de la rue de Louvois qu'un assez mauvais opéra en un acte, *le Voyage à Reims*, composé au sujet du sacre de Charles X.

On réussit néanmoins à l'arracher au *far niente* napolitain qui le clouait dans son lit durant des journées entières [1].

---

[1] Rossini affectionne la position horizontale. Il reste couché jusqu'à trois heures de l'après-midi, et compose entre ses draps. Un jour, il laissa tomber une page de musique contenant un duetto presque terminé. Dans sa paresse de se lever pour ramasser la page, et ne pouvant achever l'air sans avoir sous ses yeux le commencement, il préféra recommencer un autre duetto. Les deux morceaux existent. Ils ne se ressemblent en aucune sorte.

L'Odéon ayant mis en scène *Ivanhoé*, pitoyable libretto, sur lequel M. Paccini, cet autre Castil-Blaze, avait cousu des lambeaux détachés çà et là de toutes les œuvres du maître, Rossini, furieux de se voir habillé en arlequin, se décida tout à coup à travestir lui-même ses opéras italiens en opéras français.

De *Maometto II*, il fit *le Siège de Corinthe*.

Un grand air pour madame Damoreau et la scène de bénédiction des étendards sont les seules différences qu'on y remarque.

Vint ensuite le tour du *Moïse*, où l'on trouve un peu plus de musique nouvelle.

Or, ce n'était point là ce qu'on attendait de Rossini. On voulait des opéras entièrement écrits pour la France, et dans le goût de la France.

Par malheur l'inspiration du maître semblait éteinte. En 1828 seulement, elle eut un premier réveil dans le *Comte Ory*, et l'année suivante, à force de secouer le sublime dormeur, on réussit à le remettre debout sur son piédestal de gloire.

Le fleuve mélodique rompit ses digues, et *Guillaume Tell* vit le jour.

Mais ce fut le chant du cygne. Notre indolent Italien rentra dans sa torpeur et n'en sortit plus [1].

[1] Il s'en retourna, quelque temps après, habiter Bologne, où il ne voulut plus entendre parler de son

Guillaume Tell est sans contredit le chef-d'œuvre des chefs-d'œuvre. Ici le

art. M. Aguado seul put lui faire écrire un *Stabat mater* pour l'abbé Varela de Madrid. On connaît l'histoire de ce malheureux *Stabat*, sur la partition duquel deux éditeurs de musique faillirent se dévorer. Rossini, à Bologne, logeait dans un palais splendide, acheté avec les millions que lui a donnés la France. Il n'était pas aimé de ses compatriotes. Son économie les scandalisait, et nous tenons de source certaine l'anecdote que voici. En 1848, une souscription nationale eut lieu pour subvenir aux frais de la guerre contre l'Autriche. Tout le monde se hâta d'apporter son offrande. Les femmes du peuple les plus pauvres détachèrent leurs boucles d'oreilles et les offrirent aux commissaires de la souscription. Rossini seul ne répondit point à l'appel. On le pressa vivement de contribuer à l'œuvre patriotique. Après cinq ou six jours d'hésitation, il donna un cheval et un titre de créance. Or, il se trouva que le cheval était poussif. Il mourut six semaines après, et la ville dut payer le vétérinaire. Quant au titre de créance, il fut protesté. Tous les frais d'huissier restèrent à la charge de la commune. Après cette aventure, Rossini fut obligé de quitter Bologne. Il vendit son palais et se retira à Florence, où il est encore.

maître a su joindre à l'abondance italienne et à la puissance d'inspiration qui règnent dans ses compositions premières; l'intelligence exquise, le sentiment dramatique et la rare délicatesse de goût qui caractérisent nos musiciens nationaux.

Seulement, la fatalité voulut que cette admirable partition fût brodée sur le plus médiocre de tous les livrets [1].

En France, à côté de l'œuvre du virtuose, nous voulons quelques accessoires. Le plaisir de l'oreille seul nous paraît

[1] Les auteurs, MM. de Jouy et Hippolyte Bis, avaient fait des vers si détestables que Rossini, dînant un soir avec Armand Marrast chez M. Aguado, pria le rédacteur en chef du *National* de lui changer quelques rhythmes absolument impossibles. Armand Marrast a refondu presque tout le second acte.

insuffisant; nous demandons à y joindre d'autres plaisirs, et l'on fait rarement abstraction chez nous de l'intelligence, de l'esprit et du cœur.

Voilà ce que Rossini ne semblait pas comprendre, lorsque, voyant baisser tout à coup les recettes de *Guillaume Tell,* il s'écria chez M. Aguado, en présence de vingt convives, Espagnols ou Italiens pour la plupart :

« — *Oh! stupidi Francesi! ostriche di Francesi!* Imbéciles de Français! huîtres de Français! »

Nous voulons bien pardonner l'injure; mais nous ne pardonnons pas l'ingratitude.

Depuis longtemps on ne jouait plus les

œuvres du maéstro ni en Italie, ni en Allemagne ; Paris seul entretenait sa renommée. Toute la société artistique, toute la classe intelligente exaltait son mérite[1]. Si *Guillaume Tell* n'a pas eu de succès durable, la faute en est à Rossini lui-même, qui devait mieux choisir ses auteurs et ne point marier son élégante et riche partition à un libretto boiteux, estropié, mal venu.

Mais voici la vérité, puisque nous la disons toujours.

Rossini voyait poindre Meyerbeer à

---

[1] On le combla de distinctions et d'honneurs. La duchesse de Berry voulut elle-même attacher la croix à la boutonnière de Rossini. En 1852, le brevet de commandeur fut envoyé au virtuose par Louis Napoléon.

l'horizon: L'avénement de la musique travaillée, de la partition savante, lui faisait peur. Il était riche et paresseux ; il se dit tout bas :

— Maintenant, tu ne peux plus que descendre : abstiens-toi!

Sans doute on n'appellera point ceci du courage ; mais on peut dire que c'est de la prudence.

Fort peu d'artistes ont assez de sagesse et de sang-froid pour s'arrêter au point juste où leur pied va glisser sur les pentes fatales de la décadence. Il est vrai que, pour avoir ce calme, cette précaution, ce flair, il faut être déshérité de ce qui constitue le sentiment artistique, c'est-à-dire de la passion, de l'enthousiasme, du délire qui entraîne, de l'amour du beau qui absorbe, de l'espérance vivace dont la tige brisée repousse quand même et fleurit encore.

Rien de tout cela n'est dans la nature de Gioacchino.

Malgré son immense génie musical, nous ne lui accordons pas le feu sacré. Jamais il n'a eu ni la dignité de son talent, ni l'orgueil de son art.

Dieu lui a donné la mélodie, comme il la donne au rossignol sous l'ombrage, et Joachim n'a tenu que fort peu de cas de ce don céleste.

Pendant la première période de sa carrière musicale, il a eu des maîtresses avec sa gloire; pendant la seconde, il s'est servi de sa réputation, comme d'un creuset, pour y fondre des lingots.

Il ne songeait qu'à être millionnaire ; au bout de chacune de ses doubles croches, il voyait une pièce d'or.

Rossini est à la musique ce que Rachel est à la tragédie.

Chargé de la direction des Bouffes, de 1823 à 1825, on le voit rompre avec ses meilleurs chanteurs, faute de leur donner des appointements convenables, en sorte qu'on ne pouvait même plus représenter ses chefs-d'œuvre.

M. de Larochefoucauld lui retire le théâtre, et le nomme *Inspecteur général du chant en France*, magnifique sinécure à laquelle s'attachent vingt-cinq mille francs d'honoraires.

Vous croyez peut-être que cela satisfait Rossini? détrompez-vous.

Il stipule une pension de six mille francs, au cas où des fonctions, qui n'existaient pas, viendraient à avoir un terme, et fait signer d'avance le brevet de cette pension par Charles X.

1830 arrive. On supprime la sinécure.

Rossini intente un procès à la liste civile, réclame sa pension par huissier, joue à la misère pour attendrir les juges, et se loge sous les combles du Théâtre-

Italien [1], comme un machiniste aux gages de l'administration.

Fi donc!

Ainsi que noblesse, talent oblige.

— La France, qui vis-à-vis de vous se montre prodigue de gloire et d'or, veut que cet or serve à faire resplendir votre gloire et retombe en pluie bienfaisante sur les artistes vos frères.

Entasser comme Harpagon, dans un coffre, écu sur écu, liarder du matin au soir, pleurnicher devant les tribunaux, obtenir un malheureux surcroît de rente, et retourner à Bologne pour

---

[1] Deux de ses amis, qui avaient obtenu par son concours le privilége de ce théâtre, lui donnaient, à cette époque, le tiers des bénéfices, c'est-à-dire plus de cent mille francs par an.

y vivre en épicier retiré, c'est mal reconnaître l'hospitalité nationale accordée à votre génie.

Non, vous n'êtes pas artiste !

Il vous a manqué la foi, la foi en vous-même, la foi dans l'art, la foi dans l'avenir, la foi en Dieu.

Matérialiste par système et ne croyant qu'aux satisfactions brutales et sensuelles, vous avez entassé, sou par sou, les millions qui les donnent.

Vous avez transformé le temple de l'art en boutique.

Et, dans cette rage financière, dans cette ignoble exploitation de la renommée, savez-vous ce qu'on arrive à vendre?

On vend sa gloire musicale ou sa gloire tragique à un spéculateur, dont on devient la chose, la propriété, le colis. Le spéculateur emporte sa marchandise au delà des mers. Vous touchez six cent mille francs d'avance, et si vous mourez dans le trajet, votre cadavre appartient à l'entreprise, qui vous embaume et vous fait voir, à tant la séance, pour rentrer dans ses déboursés.

Proh pudor !

Nos derniers neveux ne croiront pas que ceci est de l'histoire.

Vous pouvez, si bon vous semble, aller frapper à la porte du palais, que le grand maestro habite aujourd'hui à Florence ; mais vous ne reconnaîtrez pas l'auteur du *Barbier de Séville* dans ce bourgeois ventru, qui se chauffe au soleil, de l'autre côté des Alpes, hausse les épaules quand on lui parle de musique, plante ses choux et fait le commerce du turbot.

FIN.

TRADUCTION DE L'AUTOGRAPHE.

« Mon cher Severini,

« Je reçois une lettre d'une dame espagnole, qui se croit victime d'une trahison. Lisez-la, et ayez la complaisance d'ordonner à M. Charles l'examen de cette affaire, et, si vous le jugez convenable, faites qu'il écrive lui-même un mot directement à cette dame.

« Tout à vous,

« ROSSINI. »

www.ingramcontent.com/pod-product-compliance
Lightning Source LLC
LaVergne TN
LVHW052103090426
835512LV00035B/962